3

8	3	6	16	10	4
13	17	9	19	20	14

Funkenmariechen. Welche Trikotnummern siehst du nicht?

21 · 1 · ? · 2 · ? · 24 · 3 · ? · 26 · 4 · ? · 5 · ? · 6 · ? · 30

? · 12 · 39 · ? · 11 · ? · 10 · 36 · ? · 9 · 34 · ? · 8 · ? · 7 · 31

22

Extra: Wie viele Hüte und Stäbe siehst du?

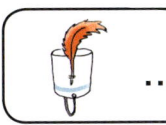 …  … 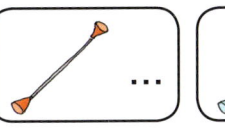 … 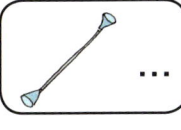 …

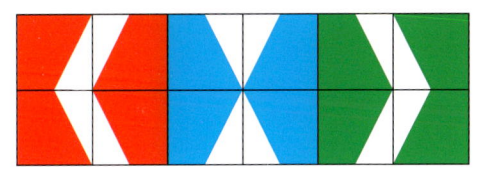

28	35	29	23	27	37
25	38	40	33	32	22

Himmel und Hölle. Wie viel ergeben die Zahlen zusammen?

1   ● + ●

2   ● + ●

3   ● + ●

4   ● + ●

5   ● + ●

6   ● + ●

7   ● + ●

8   ● + ●

9   ● + ●

10   ● + ●

11   ● + ●

12   ● + ●

8

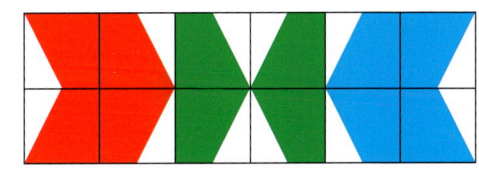

10	13	7	8	7	11
12	9	12	9	8	10

Murmeln. Zähle die Punkte zusammen!

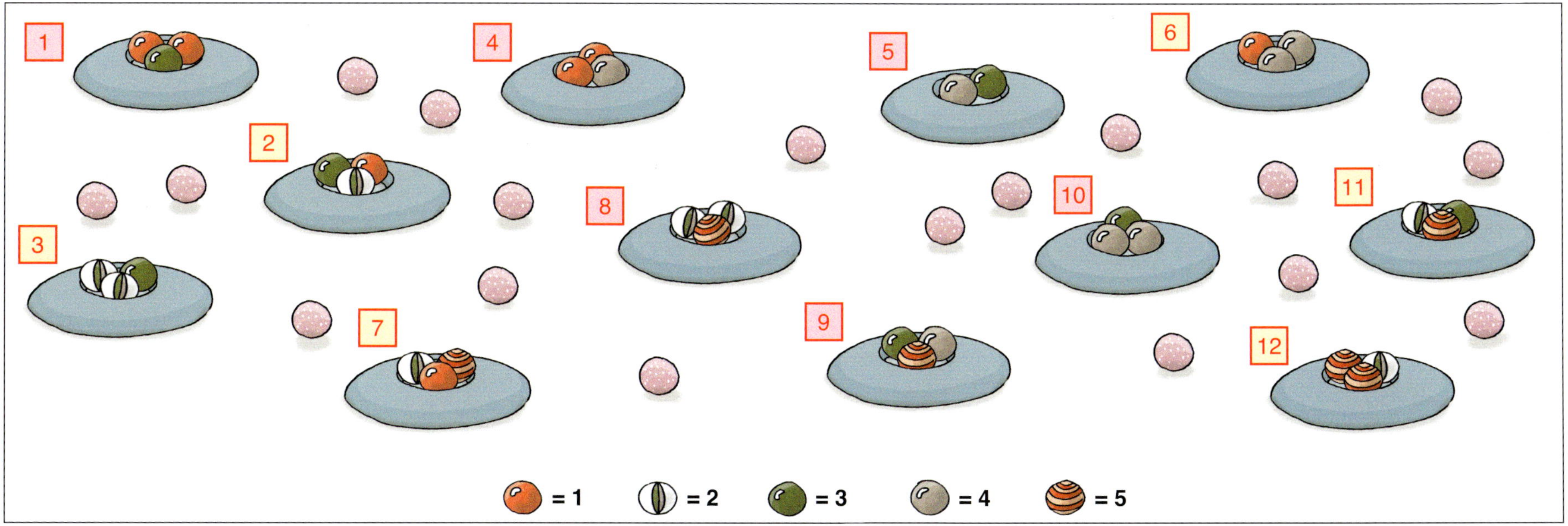

1

2

3

4

5

6

7

8

9

10

11

12

⬤ = 1   ◖ = 2   ⬤ = 3   ⬤ = 4   ⬤ = 5

Extra: Wie viele Murmeln liegen außerhalb der Spielfelder?

 …

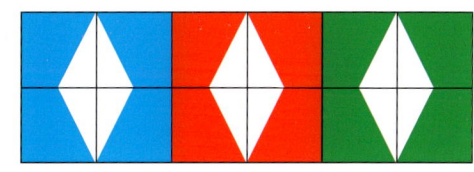

12	9	7	10	8	11
9	6	7	12	6	5

Unterwasser. Zähle die Punkte zusammen!

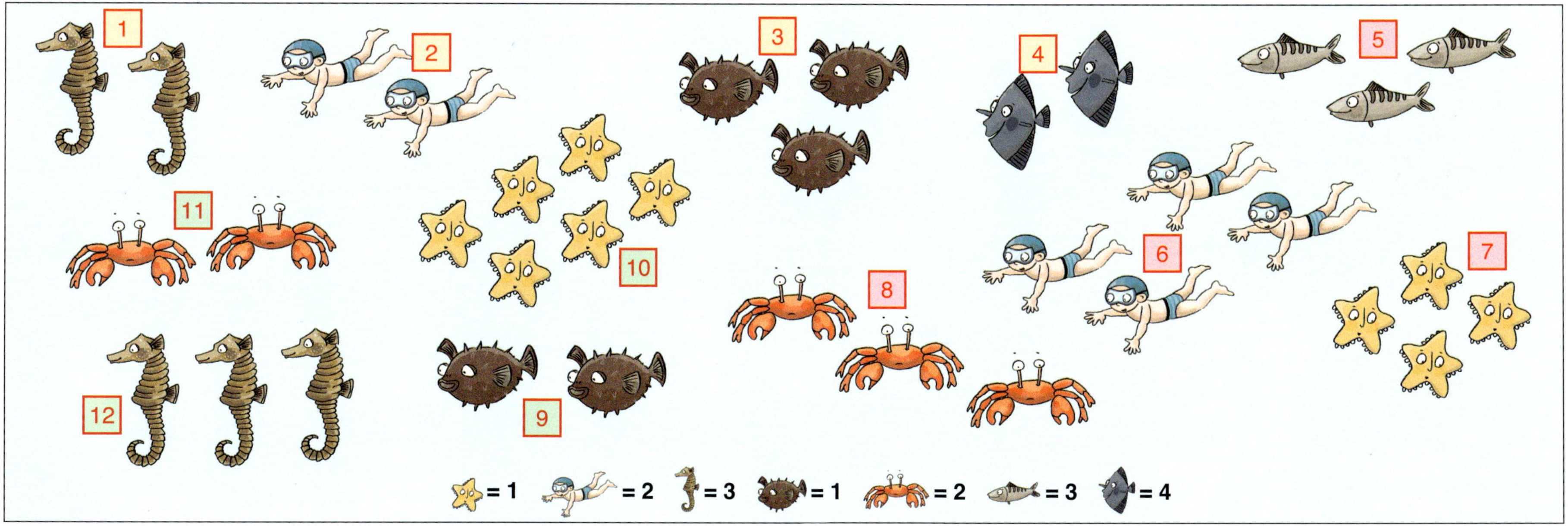

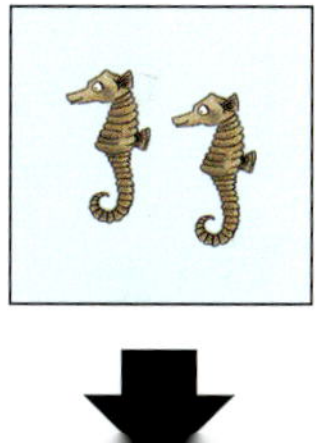

6

 …  …  …  …

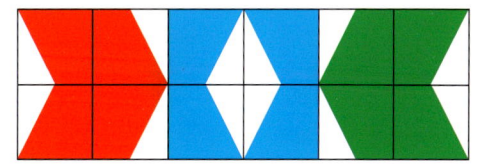

4	3	9	6	6	4
2	9	8	4	6	8

Der Postbote. Rechne mit Plus!

1   6 + 3 =

2   6 + 4 =

3   5 + 2 =

4   5 + 3 =

5   4 + 5 =

6   4 + 6 =

7   3 + 4 =

8   4 + 4 =

9   8 + 2 =

10   6 + 2 =

11   5 + 4 =

12   4 + 3 =

6 + 3 =

9

Extra: Welche Briefe ergeben 10?

... + ... = 10

... + ... = 10

... + ... = 10

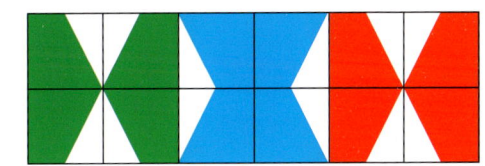

8	9	8	7	7	10
7	8	10	10	9	9

Marienkäfer. Wie viele Punkte fehlen noch?

1 · ④
2 · ⑤
3 · ⑥
4 · ⑦
5 · ⑧
6 · ⑨

7 · ④
8 · ⑤
9 · ⑥
10 · ⑦
11 · ⑧
12 · ⑨

 ...

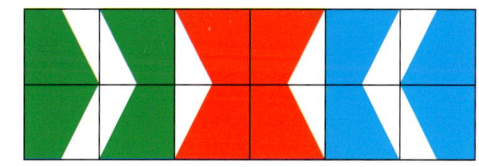

Das Bonbonglas. Wie viele Süßigkeiten sind hinterher im Glas?

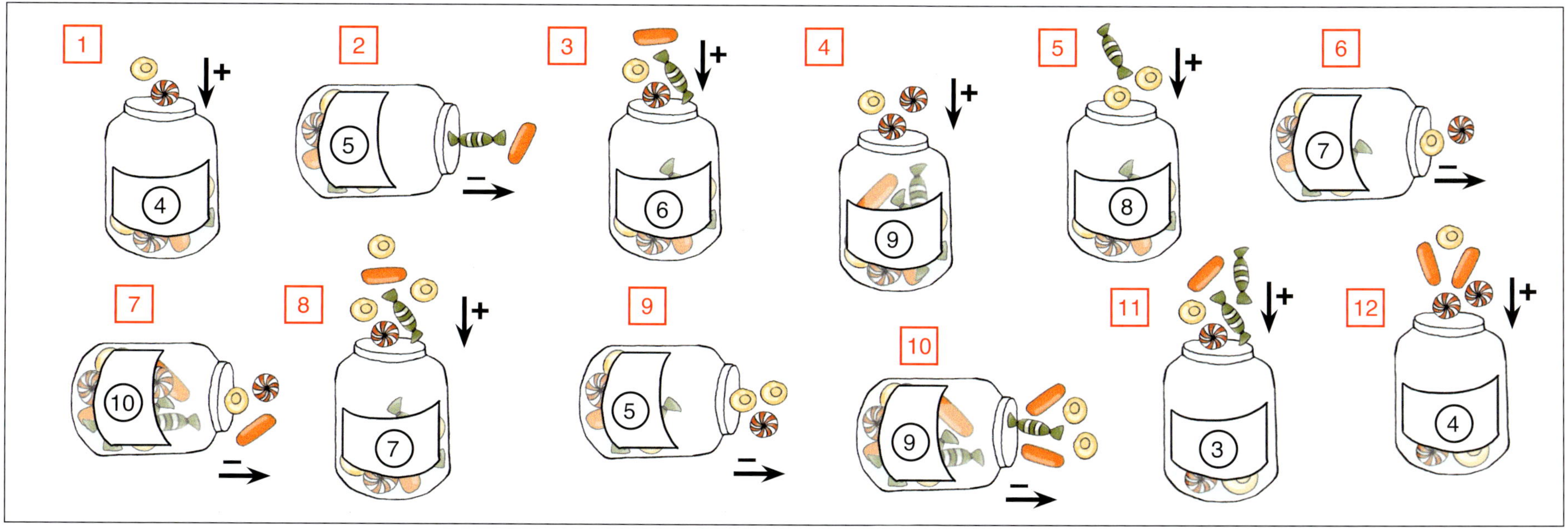

1 ↓+ 4

2 5 →

3 ↓+ 6

4 ↓+ 9

5 ↓+ 8

6 7 →

7 10 →

8 ↓+ 7

9 5 →

10 9 →

11 ↓+ 3

12 ↓+ 4

↓+ 4

| 6 | **Extra: Wie viele Bonbons siehst du?**
 …  … 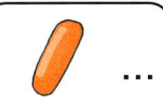 …  … | 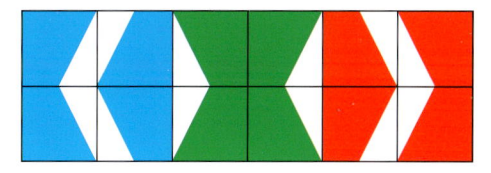 |

9	3	4	7	10	8
5	13	6	12	11	2

Fußbälle. Welcher Ball fehlt?

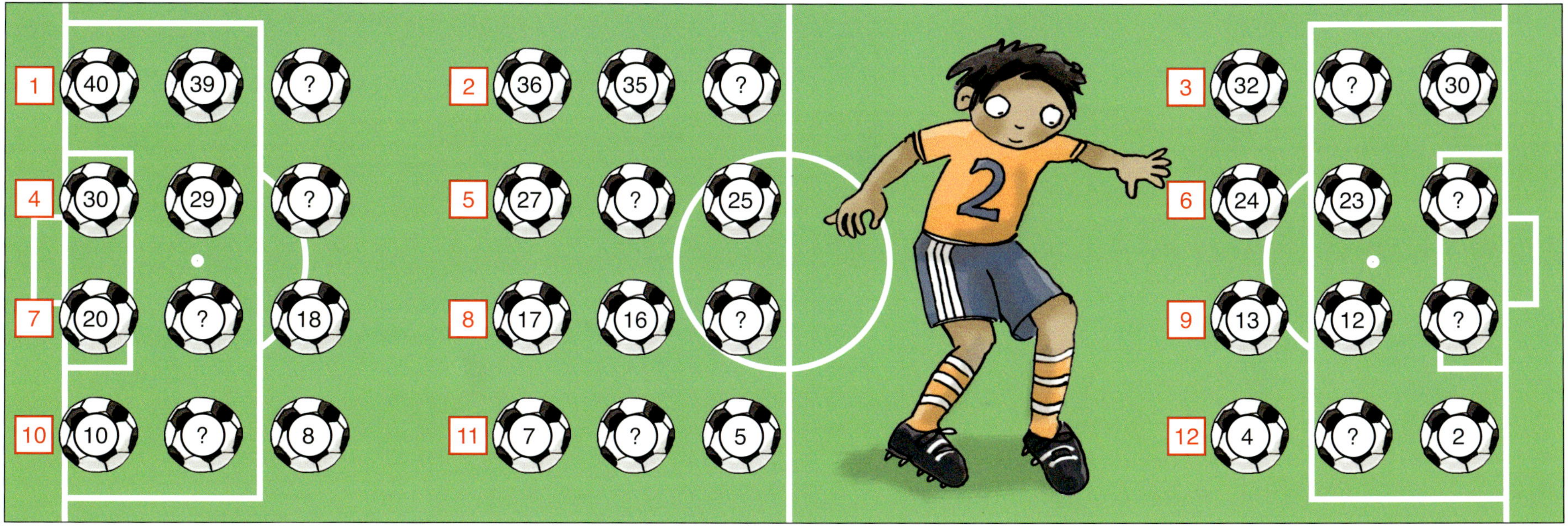

1. 40 · 39 · ?
2. 36 · 35 · ?
3. 32 · ? · 30
4. 30 · 29 · ?
5. 27 · ? · 25
6. 24 · 23 · ?
7. 20 · ? · 18
8. 17 · 16 · ?
9. 13 · 12 · ?
10. 10 · ? · 8
11. 7 · ? · 5
12. 4 · ? · 2

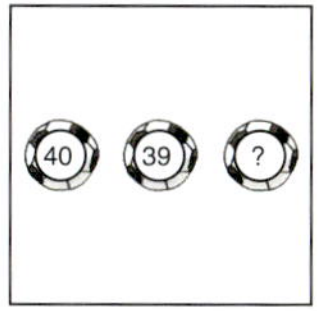

Extra: Wie viele Bälle zählst du?

 ...

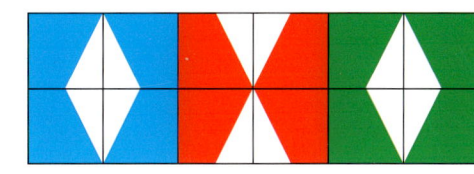

3	15	31	11	19	9
22	34	26	6	28	38

Der Postbote. Rechne mit Plus und Minus!

1. $6 + 2 =$

4. $6 - 3 =$

7. $4 + 3 =$

10. $5 - 2 =$

2. $6 - 2 =$

5. $7 + 2 =$

8. $4 - 3 =$

11. $5 + 3 =$

3. $6 + 3 =$

6. $7 - 2 =$

9. $5 + 2 =$

12. $5 - 3 =$

$6 + 2 =$

8

... + ... = 8   ... + ... = 8

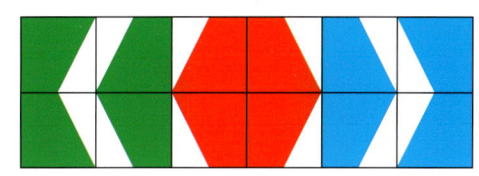

| 7 | 8 | 7 | 9 | 5 | 1 |
| 3 | 3 | 8 | 9 | 2 | 4 |

Kerzen. Wie viele sind es und wie viele brennen nicht mehr?

8 - . . . = . . .

1   2

7 - . . . = . . .

3   4

6 - . . . = . . .

5   6

8 - . . . = . . .

7   8

8 - . . . = . . .

9   10

9 - . . . = . . .

11   12

8 - . . . = . . .

1   2

3

...

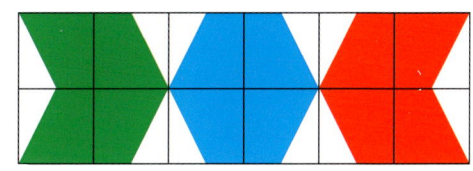

2	3	5	1	5	4
3	2	6	4	6	5

Das Brettspiel. Auf welches Spielfeld wandert der Stein?

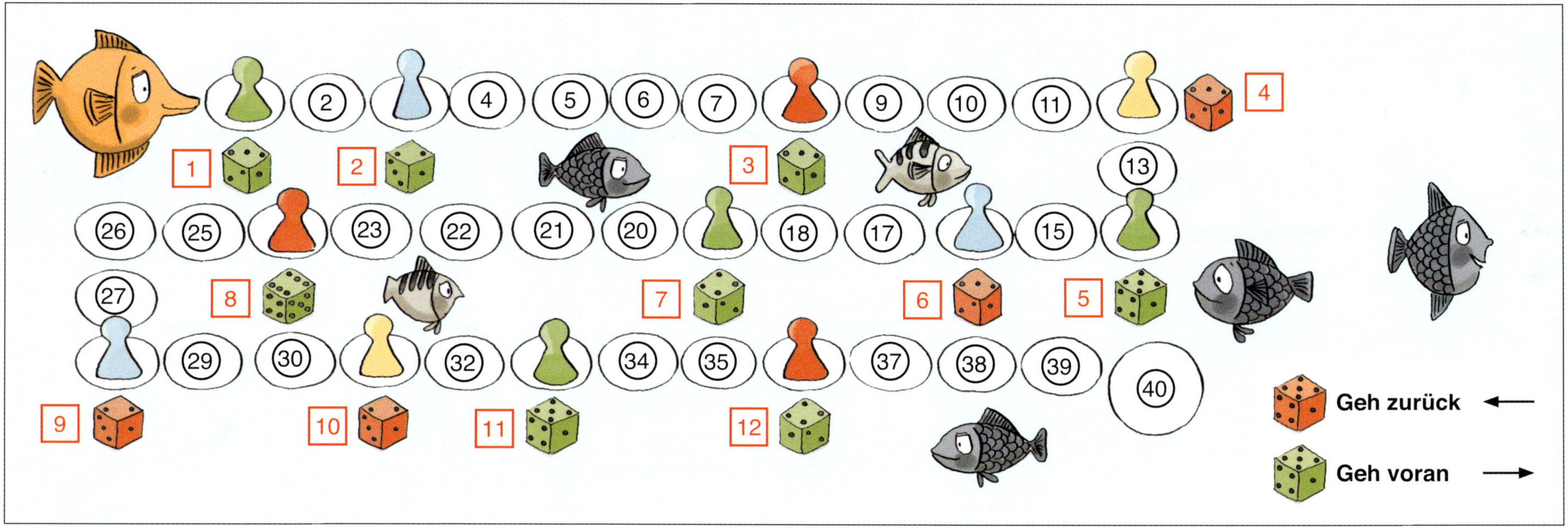

2 4 5 6 7 9 10 11

4

1 2 3 13

26 25 23 22 21 20 18 17 15

27 8 7 6 5

29 30 32 34 35 37 38 39 40

9 10 11 12

Geh zurück ←

Geh voran →